Vente des Mercredi 19, Jeudi 20, Vendredi 21 et Samedi 22 Mars 1873.

SALLES Nos 1 ET 3.

Collection de M. le Comte de Villafranca.

TABLEAUX ANCIENS

SUITE INTÉRESSANTE DE PEINTURES DES XVe & XVIe SIÈCLE

RICHE MOBILIER

BELLES PIÈCES D'HORLOGERIE

OBJETS D'ART

TAPISSERIES

EXPOSITIONS :

PARTICULIÈRE	PUBLIQUE
Le Lundi 17 Mars 1873	*Le Mardi 18 Mars 1873*

COMMISSAIRE-PRISEUR :

Me CHARLES PILLET, rue de la Grange-Batelière, 10.

EXPERTS :

Pour les Tableaux :	*Pour les Objets d'Art :*
M. FÉRAL,	M. CHARLES MANNHEIM,
23, rue de Buffault	7, rue Saint-Georges.

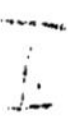

CATALOGUE

D'UNE BELLE COLLECTION

DE

TABLEAUX ANCIENS

DE DIFFÉRENTES ÉCOLES

SUITE INTÉRESSANTE DE PEINTURES DES XVe ET XVIe SIÈCLES

PAR

Lucas de Cranach, Hans Sebald Beham,
Henri Met de Bles, Lucas de Leyde, Memling, etc.

TRÈS-BEAU MEUBLE DU TEMPS DE LOUIS XIV EN TAPISSERIE DES GOBELINS;
BELLES PIÈCES D'HORLOGERIE ET PENDULES DU TEMPS DE LOUIS XVI;
ÉMAUX DE LIMOGES; PORCELAINES DE CHINE, DE SAXE ET AUTRES;
MINIATURES ET ÉMAUX; BELLES TAPISSERIES;
BRONZES; MEUBLES ET TENTURES;
OBJETS VARIÉS.

DONT LA VENTE AURA LIEU

Par suite du départ de M. le Comte de V***

HOTEL DROUOT, SALLES Nos 1 et 3,

Les Mercredi 19, Jeudi 20, Vendredi 21 et Samedi 22 Mars 1873.

A DEUX HEURES

Par le ministère de **Me CHARLES PILLET**, Commissaire-Priseur,
10, rue de la Grange-Batelière,

Assisté pour les Tableaux : de M. **FÉRAL**, peintre-expert,
23, rue de Buffault,

Et pour les Objets d'Art : de **M. CHARLES MANNHEIM**, Expert,
7, rue St-Georges,

Chez lesquels se trouve le présent Catalogue.

EXPOSITIONS
PARTICULIÈRE : Le Lundi 17 Mars 1873.
PUBLIQUE : Le Mardi 18 Mars 1873.

CONDITIONS DE LA VENTE

Elle sera faite au comptant.

Les acquéreurs payeront, en sus des adjudications, *cinq pour cent* applicables aux frais.

PARIS. — Imprimerie PILLET FILS AÎNÉ, rue des Grands-Augustins, 5.

ORDRE DES VACATIONS

Le Mercredi 19 Mars 1873

Tableaux anciens........................	1 — 110

Le Jeudi 20 Mars 1873

Tableaux anciens.........................	111 — 163
Miniatures et émaux......................	206 — 225

Le Vendredi 21 Mars 1873

Objets variés............................	181 — 205
Porcelaines de Saxe et autres..............	226 — 284
Porcelaines de Chine......................	285 — 297
Bronzes d'ameublement....................	298 — 321

Le Samedi 22 Mars 1873

Pendules et régulateurs....................	164 — 180
Tapisseries...............................	322 — 324
Meubles..................................	325 — 353

Et quantité de meubles courants en bois d'acajou et palissandre

DÉSIGNATION

ÉCOLES
Flamande, Allemande & Hollandaise

BALEN (HENRIK VAN)

1 — Deux Amours, dans un paysage, cueillant des fleurs.

Cuivre. Haut., 24 cent.; larg., 18 cent.

BALEN (HENRIK VAN)

(PENDANT DU PRÉCÉDENT)

2 — Paysage. — La Vierge tient l'enfant Jésus, près d'elle saint Joseph ; à gauche, une corbeille de fruits.

Cuivre. Haut., 24 cent.; larg., 18 cent.

BEHAM (HANS-SEBALD)

3 — Portrait d'homme, cheveux blonds, toque noire, veste en soie jaune en partie cachée par un manteau noir ; fond vert.

Beau portrait; il porte le monogramme et la date 1528.

Bois rond. Diam., 20 cent.

BEHAM (Attribué à HANS-SEBALD)

4 — Paysage avec figures; à droite, la façade d'un palais à la porte duquel est un souverain suivi de ses gardes; au second plan, des jardins où de jeunes hommes s'exercent à différents jeux; à gauche, une ville; dans le fond, la mer bordée de hautes montagnes.

Très-beau et très-intéressant tableau.

Bois. Haut., 45 cent.; larg., 68 cent.

BLÈS (HENRI MET DE)

5 — Dans un beau paysage, de jeunes femmes et de jeunes seigneurs se livrent au plaisir; la Mort, tenant sa faux, plane au-dessus d'eux.

Bois. Haut., 31 cent.; larg., 40 cent.

BLÈS (HENRI MET DE)

6 — La Vierge assise dans un paysage et allaitant l'enfant Jésus.

Bois cintré du haut. Haut., 47 cent.; larg., 35 cent.

BLÈS (HENRI MET DE)

7 — La Fuite en Égypte.

Bois. Haut., 13 cent.; larg., 15 cent.

BOUDEWYNS (ANTON FRANZ) et BOUT (PIERRE)

8 — Paysage avec rivière; sur le devant un chemin et de nombreux personnages.

Bois. Haut., 31 cent.; larg., 44 cent.

BREEMBERG (BARTHOLOMEUS)

9 — Marine avec bateau sur la gauche.

Cuivre. Haut., 5 cent. 1/2; larg., 23 cent.

BREEMBERG (BARTHOLOMEUS)

(PENDANT DU PRÉCÉDENT)

10 — Chasse au cerf.

Cuivre. Haut., 5 cent. 1/2; larg., 23 cent.

BREUGHEL (JOHANN), dit de VELOURS

11 — Jonas sortant du ventre de la baleine.

Bois. Haut., 43 cent.; larg., 70 cent.

BREUGHEL (JOHANN), dit de VELOURS

12 — Une rivière bordée d'arbres et de maisons flamandes; au premier plan, plusieurs embarcations.

Cuivre. Haut., 12 cent.; larg., 17 cent.

BREUGHEL (PIERRE)

13 — Paysage, effet de neige; au milieu, un canal glacé animé de patineurs et traîneaux.

Cuivre. Haut., 18 cent.; larg., 28 cent.

BREUGHEL (PIERRE)

14 — Paysage avec rivière, bateaux et nombreux personnages.

Cuivre. Haut., 19 cent.; larg., 28 cent.

BREUGHEL (J.)

15 — Paysage, effet de neige; au premier plan, un homme conduisant une charrette.

Cuivre. Haut., 16 cent.; larg., 26 cent.

BRIL (PAUL)

16 — Paysage, effet de neige; à droite, une rivière glacée sur laquelle sont des patineurs; à gauche, une allée d'arbres.

Toile. Haut., 72 cent.; larg., 87 cent.

CRANACH (LUCAS SUNDER, DIT)

17 — Un jeune guerrier vêtu d'une cuirasse, endormi auprès d'une fontaine; près de lui, trois jeunes femmes, et à ses côtés, un quatrième personnage à barbe blanche. également en cuirasse, tenant une boule d'or.

Bois. Haut., 53 cent.; larg., 39 cent.

CRANACH (LUCAS SUNDER, DIT)

18 — Combat entre plusieurs hommes armés de bâtons; près d'eux, des jeunes femmes et des enfants.

Signé du Dragon et daté 1535.

Bois. Haut., 76 cent. larg., 53 cent.

CRANACH (LUCAS SUNDER, DIT)

19 — Un vieillard à genoux gardant des moutons, un ange lui apparaît; à gauche, deux personnages.

Bois. Haut., 58 cent.; larg., 50 cent.

CRANACH (LUCAS SUNDER, DIT)

20 — Portrait de Martin Luther, tête nue, cheveux blancs, robe noire; il tient un livre.

Signé du Dragon et daté 1545.

Bois. Haut., 35 cent.; larg., 22 cent.

CRANACH (D'après LUCAS)

21 — Portrait d'une femme et d'un enfant en riche costume.

Beau portrait. Signé du Dragon ailé.

Bois. Haut., 55 cent.; larg., 39 cent.

CRANACH (D'après LUCAS)

22 — Portrait d'homme de profil, chapeau rouge avec croix, manteau noir à revers gris.

Bois. Haut., 7 cent.; larg., 6 cent.

CRANACH (D'après LUCAS)

(PENDANT DU PRÉCÉDENT)

23 — Portrait de Philippe-le-Beau, chapeau jaune avec plumes, riche costume brodé et manteau gris à ornements.

Bois. Haut., 7 cent.; larg., 6 cent.

DENNER (BALTHASAR)

24 — Un vieillard tenant des bésicles et ayant devant lui un livre ouvert.

Toile. Haut., 28 cent.; larg., 22 cent.

DURER (École d'ALBERT)

25 — Une faunesse appuyée sur un écusson, ayant autour d'elle quatre satyres ; un d'eux tire de l'arc, un autre joue d'un instrument.

Signé du monogramme.

Bois. Haut., 44 cent.; larg., 32 cent.

DYCK (D'après VAN)

26 — Portrait en pied de Gaston, duc d'Orléans.

Bois. Haut., 44 cent.; larg., 26 cent.

DYCK (D'après VAN)

(PENDANT DU PRÉCÉDENT)

27 — Portrait de Marguerite de Lorraine, duchesse d'Orléans.

Bois. Haut., 44 cent.; larg., 26 cent.

DYCK (D'après VAN)

28 — Portrait d'Élisabeth de France, femme de Philippe IV ; robe noire et grande collerette. Au fond, un rideau rouge.

Toile. Haut., 85 cent.; larg., 70 cent.

ELZHEIMER (ADAM)

29 — Marine; sur le devant, le Christ marchant sur les eaux; à gauche, des rochers.

Cuivre. Haut., 16 cent.; larg., 23 cent.

FAES (P. VAN DER), dit le chevalier LÉLY

30 — Portrait en pied d'une petite fille; elle tient une montre et caresse un chien.

Toile. Haut., 108 cent.; larg., 91 cent.

FERG (Attribué à PAUL)

31 — Paysage montueux avec ruines et figures.

Bois. Haut., 30 cent.; larg., 43 cent.

GOES (HUGO VAN DER)

32 — La Descente de croix.

Bois. Haut., 32 cent.; larg., 24 cent.

GOLTZIUS (HUBERT)

33 — Le Christ en croix; au pied, la Vierge, la Madeleine et saint Jean; dans le haut, des anges.

Bois. Haut., 82 cent.; larg., 65 cent.

HERING (?)

34 — La Madeleine dans un paysage : un ange lui apporte la palme du martyre.

Toile. Haut., 43 cent.; larg., 39 cent.

HOOCH (Genre de PIETER DE)

35 — Cour d'une maison hollandaise, au milieu de laquelle un enfant joue avec un chien.

Toile. Haut., 50 cent.; larg., 39 cent.

HOOT (M.)

36 — Paysage, effet d'orage ; moulin vers la gauche.

Cuivre. Haut., 22 cent.; larg., 30 cent.

HUYSUM (Genre de JEAN VAN)

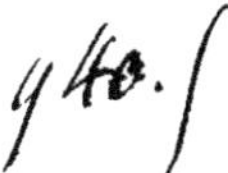

37 — Fleurs dans un vase de bronze doré, fruits et oiseaux posés sur un entablement de pierre.

Toile. Haut., 148 cent.; larg., 114 cent.

JANSSENS (ABRAHAM)

38 — Femme assise, ayant près d'elle des vases d'or et d'argent; un amour, appuyé sur ses genoux, fait des bulles de savon.

Toile. Haut., 111 cent.; larg., 155 cent.

KNUPFER (NICOLAS)

39 — Un personnage, en costume guerrier, montre à sa femme sainte Cécile entourée d'anges et touchant l'orgue au milieu des nuages.

Bois. Haut., 49 cent.; larg., 66 cent.

KOECK (PIETER)

40 — Un port de mer avec grand nombre de figures.

Cuivre. Haut., 30 cent.; larg., 22 cent.

LEYDEN (Attribué à LUCAS DE)

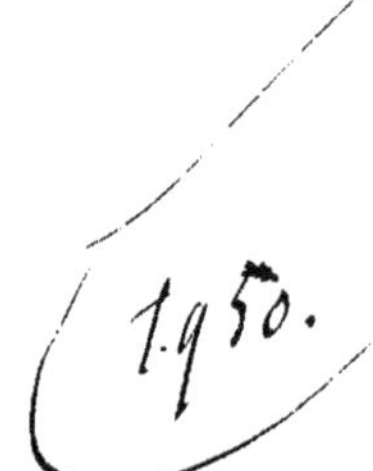

41 — La Vierge, saint Joseph et d'autres saints personnages adorant l'enfant Jésus.

Bois. Haut., 70 cent.; larg., 62 cent.

LEYDEN (Attribué à LUCAS DE)

(VOLET DE TRIPTYQUE)

42 — Une sainte debout, tenant une fleur d'une main et un petit vase de l'autre.

Bois. Haut., 33 cent.; larg., 14 cent.

MAAS (DIRCK)

43 — Bataille contre les Turcs.

Toile. Haut., 48 cent.; larg., 66 cent.

MARCELLIS (Attribué à OTTO)

(DEUX PENDANTS)

44 — Fleurs dans des vases posés sur des tables de marbre.

Toile. Haut., 42 cent.; larg., 35 cent.

MEEL (JAN)

45 — Paysage : au premier plan, une rivière ; plusieurs brigands à cheval attaquent des voyageurs; à droite, de grands rochers avec cascades.

Toile. Haut., 73 cent.; larg., 88 cent.

MEMLING (Attribué à HANS)

46 — Le Christ en croix.

Dans le bas du tableau, sont des armoiries.

Bois. Haut., 43 cent.; larg., 26 cent.

MEMLING (Attribué à HANS)

47 — La Vierge, l'enfant Jésus et deux anges; fond d'or.

Bois forme ronde. Diam., 21 cent.

MOMPER (JOSSE)

48 — Paysage avec rochers et figures au premier plan.

Bois. Haut., 56 cent.; larg., 80 cent.

MOMPER (JOSSE)

(PENDANT DU PRÉCÉDENT)

49 — Paysage avec cavaliers.

Bois. Haut., 56 cent.; larg., 80 cent.

MOMPER (JOSSE)

50 — Paysage : à gauche, une montagne avec rochers et arbres brisés; à droite, un chemin et un pont sur lequel passent des cavaliers.

Bois. Haut., 43 cent.; larg., 70 cent.

MOMPER (JOSSE)

(PENDANT DU PRÉCÉDENT)

51 — Paysage : à gauche, de grands arbres et un chemin où se trouvent réunis des bohémiens; à droite, un cours d'eau; fond bleuâtre avec montagnes.

Bois. Haut., 43 cent.; larg., 70 cent.

ORLEY (Attribué à BERNARD VAN)

52 — La Vierge tenant l'enfant Jésus; sur le devant du tableau, une corbeille de fruits et un verre avec une branche de lis.

Bois cintré du haut. Haut., 43 cent.; larg., 28 cent.

PEETERS (BONAVENTURE)

53 — Marine, effet d'orage; à droite, des rochers.

Bois. Haut., 20 cent.; larg., 26 cent.

PEETERS (BONAVENTURE)

54 — Marine avec navires et bateaux de pêche.

Bois. Haut., 18 cent.; larg., 29 cent.

PORBUS (École de)

55 — Portrait du maréchal de La Force; barbe et cheveux gris, cuirasse et écharpe blanche.

Bois. Haut., 30 cent.; larg., 25 cent.

PORBUS (D'après)

56 — Portrait de Henri IV, médaillon ovale sur panneau carré, avec l'H et fleurs de lis dans les coins.

Bois. Haut., 8 cent. 1/2; larg., 7 cent.

PORBUS (D'après PIETER)

57 — Portrait de Catherine de Médicis, riche vêtement et grande collerette; la main droite posée sur une table.

Bois. Haut., 20 cent.; larg., 16 cent.

ROTTENHAMMER

58 — Un saint en prière : devant lui un Christ en croix et un livre.

Cuivre. Haut., 39 cent.; larg., 31 cent.

ROTTENHAMMER

59 — Sur des rochers, au milieu de la mer, des jeunes femmes parées de perles et de coraux ; à leurs pieds des coquillages; près d'elles un amour et un singe; à droite, un fleuve; dans le fond, nombre de figures.

Cuivre. Haut., 53 cent.; larg., 43 cent.

RUBENS (D'après PIERRE-PAUL)

60 — Portrait de femme, robe jaune à ornements, collerette à grands tuyaux et fleurs rouges dans la coiffure.

Toile. Haut., 85 cent.; larg., 67 cent.

RUBENS (D'après PIERRE PAUL)

61 — Chasse au loup et au renard.

Toile. Haut., 50 cent.; larg., 72 cent.

SAVERY (ROLANT)

62 — Animaux dans un paysage; au premier plan, des cerfs, plusieurs ours et quelques oiseaux.

Toile. Haut., 72 cent.; larg., 100 cent.

SCHALKEN (GODFRIED)

63 — Portrait d'un jeune seigneur en veste jaune et manteau bleu; dans le fond, un cheval qu'un nègre tient par la bride.

Toile. Haut., 106 cent.; larg., 85 cent.

SCHOEVAERDTS (M.)

64 — Vue d'un château avec grands jardins; sur le devant, des paysans occupés à ramasser des légumes; au second plan, des seigneurs les regardent.

Beau tableau de l'artiste. Signé : M. SCHOEVAERDTS.

Cuivre. Haut., 37 cent.; larg., 53 cent.

SCHOEVAERDTS (M.)

65 — Fête de village; au premier plan, grand nombre de figures entourant des danseurs.

Toile. Haut., 36 cent.; larg., 50 cent.

THULDEN (THÉODOR VAN)

66 — Femme et enfant dans un paysage.

Bois. Haut., 28 cent.; larg., 22 cent.

WITHOOS (MATHIEU)

67 — Plantes, fleurs et animaux.

Toile. Haut., 104 cent.; larg , 83 cent.

WITHOOS (MATHIEU)

(PENDANT DU PRÉCÉDENT)

68 — Même genre de composition.

Toile. Haut., 104 cent.; larg., 83 cent.

WOHLGEMUTH (MICHAEL)

69 — L'Adoration des mages.

Bois. Haut., 29 cent.; larg., 33 cent.

WOUWERMAN (D'après PHILIPS)

70 — Retour de la chasse; — des chevaux; à droite, des jeunes femmes assises causent avec des cavaliers; au premier plan, du gibier gardé par des chiens.

Toile. Haut., 00 cent.; larg., 00 cent.

ÉCOLE DE BRUGES

71 — La Vierge tenant l'enfant Jésus sur un autel; elle est entourée de saints personnages réunis sous une chapelle gothique.

Très-beau tableau.

Bois. Haut., 59 cent.; larg., 52 cent.

ÉCOLE DE BRUGES

72 — La Vierge, assise sur un trône, tient l'Enfant; à sa droite et à sa gauche, deux saints personnages.

Bois. Haut., 73 cent.; larg., 52 cent.

ÉCOLE ALLEMANDE

73 — Sainte Véronique tient le linge sur lequel est empreinte la figure du Christ.

Bois. Haut., 50 cent.; larg., 32 cent.

ÉCOLE ALLEMANDE

(PENDANT DU PRÉCÉDENT)

74 — Le Christ, les mains levées, laisse voir ses blessures.

Bois. Haut., 50 cent.; larg., 32 cent.

ÉCOLE ALLEMANDE

75 — La Vierge et l'Enfant sur fond de paysage.

Bois rond. Diam., 34 cent.

ÉCOLE ALLEMANDE

(DEUX PENDANTS)

76 — Diane sur des nuages, Vénus avec l'Amour.

Bois. Haut., 25 cent.; larg., 18 cent.

ÉCOLE ALLEMANDE

77 — Le Christ insulté par les soldats.

Bois. Haut., 22 cent.; larg., 15 cent.

ÉCOLE ALLEMANDE

(PANNEAU PEINT DES DEUX CÔTÉS)

78 — Portrait d'homme; au verso, une grisaille représentant un homme en cuirasse tenant un arc et des flèches.

Bois. Haut., 27 cent. 1/2; larg., 18 cent..

ÉCOLE ALLEMANDE

79 — Jeune femme nue posée sur une boule; elle tient de la main droite un globe de cristal surmonté d'une croix.

Bois. Haut., 29 cent.; larg., 21 cent.

ÉCOLE ALLEMANDE

80 — Portrait de jeune homme, tête nue, collerette à tuyaux, veste rouge et chaîne d'or.

Bois. Haut., 24 cent.; larg., 20 cent.

ÉCOLE ALLEMANDE

(PENDANT DU PRÉCÉDENT)

81 — Portrait d'homme en buste, barbe noire et petite collerette; à droite, ses armes sur le fond.

Bois. Haut., 27 cent.; larg., 20 cent.

ÉCOLE ALLEMANDE

82 — Portrait d'homme en buste, barbe blanche et toque noire; à gauche, sur le fond sont ses armes et la date 1556.

Bois. Haut., 27 cent.; larg., 20 cent.

ÉCOLE FLAMANDE

83 — Le Sanglier de Calydon.

Toile. Haut., 65 cent.; larg., 103 cent.

Écoles Italienne et Espagnole

BELLINI (École de GIOVANNI)

84 — Une procession.

(Panneau de coffre.)

Bois. Haut., 50 cent.; larg., 190 cent.

BRONZINO (ANGIOLO)

85 — Portrait de femme, en buste, vue de face; perles autour du cou.

Bois. Haut., 48 cent.; larg., 28 cent.

CALIARI (D'après PAOLO), dit VÉRONÈSE

86 — Portrait de femme. Riche costume, corsage jaune à ornements brodés d'or, chaîne et grande collerette.

Bois. Haut., 13 cent.; larg., 8 cent. 1/2.

CALVART (DENIS)

87 — Le Jugement dernier.

(Modèle de plafond.)

Cuivre rond. Diam., 38 cent.

CARRACCI (LOUIS)

88 — La Vierge regardant l'enfant Jésus endormi; dans le haut, des anges.

Toile. Haut , 120 cent.; larg., 95 cent.

CARRACCI (ANNIBAL)

89 — La Résurrection.

Le Christ sort du tombeau au milieu des soldats renversés.

Ovale, cuivre. Haut., 28 cent.; larg., 22 cent.

CARRACCT (LOUIS)

90 — La Mer de sang.

Le Christ en croix inonde la terre de son sang.

Cuivre. Haut., 39 cent larg., 27 cent.

CERQUOZZI (Attribué à MICHEL)

91 — Des vases et des fruits posés sur une table couverte d'un tapis bleu.

Toile. Haut., 86 cent.; larg., 118 cent.

COELLO (ALONZO-SANCHEZ)

92 — Portrait de Philippe II, roi d'Espagne, vu jusqu'aux genoux; il porte un justaucorps noir avec manches en soie jaune, la main gauche est posée sur une table.

Très-beau portrait.

Toile. Haut., 115 cent.; larg., 91 cent.

COELLO (ALONZO-SANCHEZ)

(PENDANT DU PRÉCÉDENT)

93 — Portrait de Dona Juana, vêtement noir, chaîne d'or, la main gauche appuyée sur le dossier d'une chaise.

Toile. Haut., 115 cent.; larg., 91 cent.

FILIPEPI (ALEXANDRE), dit SANDRO BOTTICELLO

94 — Jeune femme blonde, vêtue d'une robe rouge; elle est debout sur un piédestal, tenant de la main droite un petit navire, dans lequel est une figurine dorée.

Bois cintré du haut. Haut., 105 cent.; larg., 47 cent.

FIORI (Attribué à MARIODI)

95 — Vase de fleurs dans une niche avec colonne et statues.

Toile. Haut., 104 cent.; larg., 75 cent.

LIPPI (FRA FILIPPO)

96 — Portrait d'une jeune princesse, vue de profil, cheveux blonds en bandeaux, le front ceint d'une ferronnière, robe grise enrichie de perles et de pierreries.

Bois. Haut., 22 cent.; larg., 17 cent.

LUINI (Ecole de BERNARDINO)

97 — Une sainte tenant l'éponge qui a servi à laver les plaies du Christ.

Bois. Haut., 66 cent.; larg., 51 cent.

PONTE (JACOPO DA), dit IL BASSANO

98 — Le Christ mis au tombeau par des anges.

Toile. Haut., 41 cent.; larg., 27 cent.

PONTE (JACOPO DA), dit IL BASSANO

99 — L'Ane de Balaam.

Toile. Haut., 55 cent.; larg., 39 cent.

PRIMATICCIO (D'après FRANCESCO)

100 — Diane de Poitiers, duchesse de Valentinois, nue, vue à mi-corps, tenant une flèche.

Bois. Haut., 23 cent. larg.; 19 cent.,

SCHIAVONE (ANDREA)

101 — Le Christ en croix.

Toile. Haut., 84 cent.; larg., 63 cent.

SOLIMÈNE (FRANCESCO)

102 — La Vierge tenant l'enfant Jésus, entourée d'anges; au premier plan un bateau qu'un ange conduit.

Toile. Haut., 75 cent.; larg., 102 cent.

TIEPOLO (Attribué à GIO-BATTISTA)

103 — Un saint solitaire dans un paysage; il tient un livre; auprès de lui un Christ et une tête de mort.

Toile. Haut., 65 cent.; larg., 52 cent.

VELASQUEZ (Attribué à DON DIEGO...)

104 — Petit portrait en pied de l'infant don Baltazar.

Toile. Haut., 40 cent. ; larg., 30 cent.

ÉCOLE ITALIENNE

105 — Deux cavaliers combattant.

Toile ronde. Diam., 34 cent.

ÉCOLE ITALIENNE

106 — Triomphe d'Amphitrite.

Toile. Haut., 18 cent.; larg., 29 cent.

ECOLE ITALIENNE

107 — Enfant tenant un oiseau.

Cuivre. Haut., 32 c.; larg., 16 cent.

ÉCOLE ITALIENNE

108 — Enfant tenant un arc et une flèche.

Toile. Haut., 64 cent.; larg., 54 cent.

ÉCOLE ITALIENNE PRIMITIVE

109 — Marche de soldats et cavaliers armés de lances; dans le haut du tableau la Vierge et l'Enfant.

Bois. Haut., 50 cent.; larg., 34 cent.

ÉCOLE ITALIENNE

110 — Triptyque, peint sur les deux faces; sur l'une sont trois différentes scènes du Crucifiement; le Christ au jardin, le Portement de croix et la Mise au tombeau.

Cuivre. Haut., 18 cent.; larg., 42 cent.

ÉCOLE ITALIENNE

111 — Satyre enlevant une femme.

Toile c. s. b. ovale. Haut., 16 cent.; larg., 12 cent.

ÉCOLE ITALIENNE

112 — Portrait d'homme, vêtement noir et collerette.

Bois. Haut., 32 cent.; larg., 27 cent.

ÉCOLE ESPAGNOLE

113 — Portrait de femme vêtue de noir.

Bois. Haut., 26 cent.; larg., 20 cent.

INCONNU

114 — Portrait de femme, costume du temps de Louis XI. Fond bleu et ornements d'or.

Bois ovale. Haut., 17 cent.; larg., 13 cent.

INCONNU

115 — Portrait de femme, riche coiffure, robe de velours, grandes manches, les mains croisées ; fond vert.

Bois. Haut., 36 cent.; larg., 25 cent.

INCONNU

116 — Portrait de Mlle de Lafayette.

Bois. Haut., 12 cent.; larg., 9 cent.

INCONNU

117 — Portrait de Mme Alionor de Monteichan, riche coiffure, voile blanc tombant sur les épaules ; fond doré à ornements ; à gauche, ses armoiries.

Bois. Haut., 17 cent.; larg., 11 cent.

INCONNU

118 — Portrait d'un jeune prince, à cheval, vêtu d'une robe rouge.

Toile. Haut., 90 cent.; larg., 72 cent.

INCONNU

119 — Portrait de jeune garçon, costume de la république, avec collerette, gilet rouge à revers, habit bleu.

Bois. Haut., 26 cent.; larg., 19 cent.

INCONNU

(DEUX PENDANTS)

120 — Coq et poules dans un paysage.

Bois. Haut., 9 cent. 1/2; larg., 12 cent. 1/2.

INCONNU

121 — Un homme en costume du temps de Louis XI; à genoux près de lui, une femme en robe rouge; ils tiennent chacun un verre; dans le fond, une ville.

Bois. Haut., 8 cent.; larg., 10 cent.

INCONNU

122 — Portrait de femme, costume du temps de Louis XIV.

Bois. Haut., 11 cent.; larg., 8 cent.

INCONNU

123 — La Vierge tenant le Christ mort.

Bois. Haut., 37 cent.; larg., 25 cent.

INCONNU

124 — Sainte Clotilde tenant un livre et une couronne.

Bois rond. Diam., 21 cent.

INCONNU

125 — Portrait de l'empereur Charles V.

Toile. Haut., 57 cent ; larg., 45 cent.

INCONNU

126 — Paysage.

Toile. Haut., 23 cent.; larg., 44 cent.

INCONNU

(DEUX PENDANTS)

127 — Paysages avec figures.

Bois. Haut., 18 cent.; larg., 24 cent.

INCONNU

(DEUX PENDANTS)

128 — Paysages avec figures.

Bois. Haut., 16 cent.; larg., 21 cent.

INCONNU

129 — Vue de Paris au xve siècle.

Bois. Haut., 19 cent.; larg., 15 cent.

INCONNU

130 — Portrait d'une princesse de Lorraine, en riche vêtement, chapeau rouge avec plumes, perles et pierreries.

Bois. Haut., 13 cent.; larg., 17 cent.

INCONNU

131 — Un homme offrant une pièce d'or à une jeune femme.

Bois. Haut., 16 cent.; larg., 13 cent.

INCONNU

132 — Un homme tenant une épée cause avec une jeune femme; sous un lit est caché un troisième personnage.

Bois. Haut., 21 cent.; larg., 17 cent.

INCONNU

133 — Portrait de jeune garçon, cheveux blonds, vêtement blanc et collier de perles.

Bois. Haut., 32 cent.; larg. 25 cent.

INCONNU

134 — Portrait de femme, grande collerette, robe noire et ruban rose; fond jaune.

Bois. Haut., 19 cent.; larg., 16 cent.

INCONNU

135 — Trois des maîtresses de Henri IV figurant les trois Grâces; au-dessous sont les noms de Jacqueline, Gabrielle et Henriette.

Bois. Haut., 29 cent.; larg., 24 cent.

INCONNU

136 — Portrait de Louis XI, de profil, avec chapeau et couronne, chaîne d'or ornée de coquilles; fond bleu, fleurs de lis, encadrement et inscriptions dans le haut.

Bois. Haut., 20 cent.; larg., 13 cent.

École Française

BON BOULOGNE

137 — Quatre sujets mythologiques faisant pendants.

Toile. Haut., 32 cent.; larg., 49 cent.

CHARDIN (Genre de SIMÉON)

138 — Intérieur.

Une mère allaite son enfant; dans le fond, trois petites filles font un château de cartes.

Toile. Haut., 22 cent.; larg. 30 cent.

CLOUET (Attribué à J.)

139 — Portrait de Charles IX. Toque noire entourée de perles, pierreries et plume blanche, collerette à tuyaux, vêtement noir avec filets d'or, chaîne de perles.

Bois. Haut., 41 cent.; larg., 29 cent.

CLOUET (D'après)

(DEUX PORTRAITS DANS LE MÊME CADRE)

140 — Portraits de F. Hercule d'Alençon, et de madame de Rieux Châteauneuf.

Bois. Haut., 8 cent. 1/2; larg., 13 cent.

CLOUET (D'après)

141 — Portrait de jeune femme. Robe grise, manches d'hermine, chaîne de perles, or et pierreries; fond vert.

Bois. Haut., 18 cent.; larg., 13 cent.

CLOUET (D'après)

142 — Portrait d'une princesse de Savoie en vêtement religieux, noir, garni d'hermine; fond en cuir de Cordoue avec couronnes.

Bois. Haut., 18 cent.; larg., 13 cent.

CLOUET (D'après)

143 — Portrait de Diane de France, duchesse d'Angoulême ; robe et coiffure noire, collerette, collier et perles ; fond vert.

Bois. Haut., 20 cent.; larg., 15 cent.

CLOUET (D'après)

144 — Portrait de jeune femme en riche costume, robe décolletée, large collier en or, et chaînes tombant sur la poitrine ; fond jaune à ornements et fenêtre à gauche.

Haut., 00 cent.; larg., 00 cent.

CLOUET (D'après)

145 — Portrait de la duchesse d'Étampes ; robe verdâtre avec pierreries et perles ; fond vert.

Bois. Haut., 23 cent.; larg., 17 cent.

CLOUET (D'après)

146 — Portrait de Marie de Clèves, princesse de Condé, riche costume avec perles, pierreries et grande collerette.

Bois. Haut., 23 cent.; larg., 17 cent.

CLOUET (D'après)

147 — Portrait de femme. Robe noire décolletée avec riches broderies d'or et chaînes.

Bois. Haut., 17 cent.; larg., 14 cent.

COYPEL (CHARLES)

148 — Scène tirée du roman de don Quichotte. Dans un paysage, une jeune femme assise, les jambes nues, près d'un cours d'eau ; derrière elle plusieurs personnages.

Toile. Haut., 00 cent.; larg., 00 cent.

EISEN (CHARLES)

149 — Amours posés sur des nuages et tenant des couronnes.

Toile. Haut., 40 cent.; larg.. 28 cent.

EISEN (CHARLES)

(PENDANT DU PRÉCÉDENT)

150 — Amours posés sur des nuages et jetant de l'or et des joyaux.

Bois. Haut., 40 cent.; larg.. 28 cent.

LOIR (NICOLAS)

151 — Vertumne et Pomone.

Dans un beau paysage Pomone, assise; près d'elle Vertumne, debout, appuyée sur un bâton.

Toile. Haut., 80 cent.; larg. 100 cent.

MARTIN (JEAN-BAPTISTE)

152 — Vue prise à vol d'oiseau du château et des jardins de Versailles.

Toile. Haut., 195 c.; larg., 100 cent.

MIGNARD (D'après)

153 — Portrait de la duchesse de Fontange; robe décolletée, collier de perles, ruban rose dans la coiffure.

Bois ovale. Haut., 10 cent.; larg., 8 cent.

RAOUX (JEAN)

154 — Deux vestales entretenant le feu sacré.

Toile. Haut., 95 cent.; larg., 80 cent.

SENAVE (JACQUES-ALBERT)

155 — Intérieur de ferme; au premier plan, une femme et un enfant; dans le fond, des gens assis autour d'une table.

Bois. Haut., 24 cent.; larg. 17 cent.

VINCENT

156 — Sujet religieux.

(Esquisse).

Toile. Haut., 28 cent.; larg., 24 cent.

École moderne

ALOPHE

157 — Artiste en convalescence ; il est dans son atelier, assis dans un fauteuil, la tête appuyée sur un coussin.

Bois. Haut., 40 cent.; larg., 32 cent.

BEAUME

158 — Soldats français poursuivant des cavaliers arabes dans des montagnes.

Toile. Haut., 45 cent.; larg., 37 cent.

BERG

159 — Jeune pêcheur au bord de la mer.

Toile. Haut., 38 cent.; larg., 27 cent.

LOWENFELS

160 — Paysage marine, à droite un chemin où est une femme tenant un enfant.

Toile ovale. Haut., 60 cent.; larg., 45 cent.

MALBRANCHE

(DEUX PENDANTS)

161 — Paysages. Effets de neige.

MARBEAU

162 — Paysage. Des paysans calabrais à cheval, conduisant un troupeau de buffles.

Bois. Haut., 37 cent.; larg., 54 cent.

MARBEAU

163 — Paysage avec paysans italiens conduisant leur troupeau.

Bois. Haut., 31 cent.; larg., 44 cent.

MOBILIER

ET

OBJETS D'ART

PENDULES ET RÉGULATEURS

164 — Régulateur d'Antide Janvier, avec balancier compensateur, dans une caisse en bois d'acajou avec moulures en cuivre poli.

Le cadran de cette pièce a été exécuté par *Coteau*, et présente les douze signes du zodiaque très-finement peints en couleurs. Les entre-deux desdits signes sont occupés par des têtes de satyres et de bacchantes en or, en relief, reliées par des pampres en or et en émaux de couleurs.

Ce cadran marque les heures, les mois et les quantièmes; l'aiguille marquant les quantièmes opère sa révolution en une année. Epoque Louis XVI.

Haut., 2 mèt. 15 cent.

165 — Magnifique régulateur perpétuel de Janvier, présentant dix cadrans d'émail, marquant les années, les mois, les jours, les quantièmes, les heures, d'après le système habituel et d'après le système républicain, les

phases de lune et les heures dans les divers pays du monde entier. Le cadran principal offre de plus une aiguille battant la seconde et est surmonté d'une peinture sur émail représentant une femme assise, figurant l'Astronomie. Les émaux de cette pièce nous semblent avoir été exécutés par Coteau.

La caisse qui renferme cette pièce remarquable d'horlogerie est de forme monumentale, et a été exécutée récemment dans le style de l'époque Louis XVI. Elle est en bois d'amarante avec parties d'érable marquetées à quadrilles et elle est très-richement garnie d'ornements de bronze ciselé et doré au mat, tels que : tores de lauriers, moulures à feuilles, consoles, appliques découpées, pendentifs de fleurs, etc. La pièce se termine à la partie supérieure par un beau vase à anses têtes de satyres, garni de festons de fleurs retombant sur la corniche en bronze doré au mat.

Haut., 2 mèt. 75 cent.

166 — Jolie pendule du temps de Louis XVI, à cadran tournant horizontal, en forme de vase ovoïde en marbre blanc sculpté à godrons en spirale et à couvercle à bouton entouré par un serpent, dont le dard vient marquer les heures. Cette pièce est garnie de deux anses carrées à mufles de lion et de festons de lauriers en bronze finement ciselé et doré au mat. Les cercles, en cuivre gravé et doré, sont ornés de cartouches d'émail.

Haut., 43 cent.

167 — Petite pendule du temps de Louis XVI, en marbre blanc et bronze doré au mat. Le mouvement (*de Ba-*

rancourt, à Paris) est surmonté d'un vase, et repose sur un plateau supporté par des colonnettes. Le support central est enrichi d'un bas-relief en bronze ciselé représentant des jeux d'amours.

Haut., 45 cent.

168 — Pendule de voyage, à sonnerie, du temps de Louis XVI. La cage, en bronze doré, offre sur sa face principale un soleil et des festons de lauriers ciselés et dorés au mat. Au bas on lit sur une plaque d'émail : *Beckers*, *invenit et fecit*. Au-dessus du cadran, deux petites fenêtres permettent de voir deux cadrans tournants portant les quantièmes et les jours de la semaine.

Haut., 24 cent.

169 — Régulateur a poids, dans une caisse en bois de placage garnie d'appliques en cuivre estampé, représentant des enfants se jouant dans des fleurs et des rinceaux. La caisse est enrichie de colonnettes torses, et le mouvement marquant les quantièmes ainsi que la seconde porte le nom : *Henry Jones*, *in the Temple*. Epoque Louis XIII.

Haut., 2 mèt. 3 cent.

170 — Pendule a mouvement visible, et façade en émail reposant sur un socle de marbre blanc garni de rinceaux à feuillages en bronze ciselé et doré. Le balancier à spirale horizontal est placé sur le socle.

La pièce se compose de deux sortes de consoles cintrées, en émail gros bleu, décorées d'arabesques rapportées en or, en argent et en émaux de couleurs, et décorées à leur base de deux médaillons ovales renfermant chacun une figure de génie ailé se détachant en camaïeu vert et imitant le bronze sur le fond d'émail blanc.

Entre ces deux consoles est placé un cadran marquant les décades républicaines, et au-dessous un médaillon ovale d'émail bleu qui porte le nom de l'horloger : *Laurent, à Paris.*

Au-dessus, se trouve le cadran principal marquant les heures et les quantièmes, et portant une aiguille battant la seconde. L'intérieur de ce cadran est découpé et permet de voir les diverses roues de renvoi. Enfin, les phases de lune sont indiquées à l'aide d'un cadran mobile aussi en émail et placé au-dessus du cadran principal.

Deux petits vases d'émail de forme ovoïde sont placés à l'extrémité de chacune des consoles dont il a été parlé plus haut et qui leur tiennent lieu de bases.

Nous attribuons l'exécution des parties émaillées de cette pièce au célèbre émailleur Cotteau, de Sèvres.

Nous appellerons les pièces analogues à celle-ci, qu'il nous sera donné de rencontrer dans le cours de la rédaction du présent catalogue : *Régulateur de cheminée à façade d'émail.*

Haut., 42 cent.

171 — Régulateur de cheminée à mouvement visible, à grande sonnerie et échappement à chevilles. Il présente quatre cadrans marquant les mois, les jours, les heures, les quantièmes et les phases de lune. Deux de ces cadrans sont en émail, les deux autres sont en cuivre

argenté. Cette pièce offre à la partie supérieure un globe simulant un système planétaire, ainsi qu'un nœud de rubans et des festons de fleurs en bronze ciselé et doré au mat. Le socle est en marbre blanc. Epoque Louis XVI. Par *Bréant, à Paris.*

Haut., 51 cent.

172 — Petite pendule du temps de Louis XVI, en marbre blanc et bronze doré au mat. Elle est en forme de temple circulaire supporté par huit colonnettes d'ordre toscan et accouplées. Le mouvement est placé entre les colonnes, et le cadran porte le nom : *Janvier, aux Menus plaisirs du roi.* Cette pièce est surmontée d'un système planétaire traité avec soin et qui reçoit l'impulsion par le mouvement.

Le socle est enrichi d'une frise de bronze ciselé, doré et repercé à jour, représentant des branches de roses et des rinceaux.

Haut., 51 cent.

173 — Pendule destinée à être suspendue et accompagnée de son socle-support, modèle à consoles, en marqueterie de cuivre et écaille de l'Inde, richement garnie de bronzes dorés. Le bas-relief sans fond, placé sur la face de la pendule, représente Apollon dans un char conduit par deux chevaux. Dans le haut se trouve une figure de victoire. Epoque Louis XIV.

Haut., 1 mèt. 35 cent.

174 — Pendule de voyage du temps de Louis XVI, dans une cage unie en bronze doré, surmontée aux angles

de petites sphères. Le mouvement, de ***Pinon, horloger du roy***, est à grande sonnerie, à répétition et marque les quantièmes.

Haut., 20 cent.

175 — Régulateur de cheminée, à façade d'émail et à balancier compensateur. La partie inférieure de la pièce offre deux médaillons carrés, décorés de figures de génies, peintes en grisaille sur fond jaune; le reste est émaillé gros bleu et relevé d'applications d'or et d'émaux de couleurs. Le cadran principal est découpé et permet de voir le mouvement. Ce cadran marque les heures, les jours de la semaine et les quantièmes. Le petit cadran qui se trouve au-dessous du précédent marque les mois, et celui qui se trouve au-dessus (le dernier) marque les phases de lune. Cette pièce est signée : ***Romain**, à Paris*. Les parties émaillées ont été exécutées par Dubuisson.

Le socle, en bronze doré au mat et vermeil, est orné d'un bas-relief représentant des bacchantes faisant de la musique.

Deux figures de femmes jouant des cimbales, et exécutées en bas-relief, ornent les côtés de la pièce, et un aigle, aux ailes éployées, repose à la partie supérieure. Travail de la fin du règne de Louis XVI.

Haut., 47 cent.

176 — Régulateur de cheminée à façade d'émail et à balancier compensateur. La partie inférieure de la pièce offre deux médaillons ovales renfermant des figures de bacchantes et des amours, peints en couleurs sur fond

bleu. Le reste des parties émaillées est décoré de fleurs et d'arabesques se détachant en or et couleurs sur fond bleu de roi.

Comme au régulateur qui précède, le cadran principal de celui-ci marque les quantièmes et les jours de la semaine. Celui du dessous, décoré en or sur fond bleu, marque les mois, et celui d'en haut, décoré d'un paysage et de figures, marque les phases de lune.

Le socle, de marbre blanc, est orné d'un bas-relief en bronze ciselé et doré, représentant des jeux d'enfants. Deux petits vases en bronze doré ornent les côtés de la pièce, et un aigle repose à la partie supérieure. Ouvrage de la fin du règne de Louis XVI.

Haut., 00 cent.

177 — Pendule en bronze ciselé et doré, modèle à consoles, surmontée d'un groupe de quatre figures d'enfants debout, figurant les saisons et supportant une sphère en verre bleu avec cercle horizontal, servant de thermomètre et de baromètre. Par *Bourdin, horloger du Roi, rue de la Paix, n° 24, à Paris.*

Haut., 54 cent.

178 — Pendule du temps de Louis XVI en forme de lyre, en bronze doré, dont les branches se terminent, à leur partie supérieure, par des têtes d'aigles tenant des festons de fleurs et de fruits. Le socle ovale, qui était vraisemblablement en marbre blanc, a été refait en porcelaine tendre et décoré de médaillons d'oiseaux et de fleurs en couleurs, sur fond bleu turquoise.

Le cadran marque les heures, les jours de la semaine, les quantièmes et les phases de lune.

Haut., 58 cent.

179 — Grande pendule en bronze doré, modèle rocaille, enrichie de festons de fleurs et de trois figurines d'enfants, dont deux musiciens et un astronome.

Le socle, de mêmes style et travail et attenant à la pièce, renferme un jeu de carillon.

Le cadran porte le nom : *Gosselin, à Paris*. Époque Louis XV.

Haut., 68 cent.

180 — Pendule en forme de borne carrée, en marbre vert de mer, garnie d'ornements en cuivre doré au mat et surmontée d'une jolie figurine d'Amour assis, tenant une flèche en bronze finement ciselé et doré au mat. Près de lui sont deux colombes. Le cadran, émaillé, marque les heures et les quantièmes. Signée : *Drouot, à Paris*. Époque du Directoire.

Haut., 41 cent.

OBJETS VARIÉS

181-184 — Émail de Limoges. — Quatre belles plaques. Peintures en émaux de couleurs rehaussées d'or, attribuées à Colin Noaillier.

Elles représentent diverses scènes tirées de l'*Énéide* de Virgile.

Haut., 22 cent.; larg., 20 cent.

185 — Polyptyque gréco-russe à quatre volets en cuivre ciselé, et émaillé fond bleu. Il représente des sujets tirés de la vie du Christ.

Haut., 18 cent.; larg. totale, 41 cent.

186 — Émail de Limoges. — Plaque ovale légèrement convexe. Peinture en émaux de couleurs attribuée à Pierre Raymond, et représentant le mois de décembre. Dans un cadre à moulures en bois noir.

Haut., 15 cent.; larg., 18 cent.

187 — Émail de Limoges. — Très-petite plaque carrée. Peinture en émaux de couleurs : tête de guerrier. Cadre en verre.

188 — Fusil de chasse de Bourdon, avec canon portant le nom de *Hujeck, in Wien*. 1809.

189 — Fusil Louis XVI, avec canon damasquiné d'or, portant le nom Aloche, à Paris.

190 — Fusil de Zuloaga, à Madrid, avec batterie damasquinée d'or.

191 — Deux flambeaux en argent repoussé, dorés en partie, enrichis de colonnettes torses et de boules en cristal de roche, entourés par trois montants ornés de cariatides, de figurines dans des niches et de statuettes en entre-deux, se terminant en queues de poissons. Les pieds sont repoussés à mascarons, têtes de satyres et

à ornements, et servent de base à trois sphinx ailés, supportant les montants dont il a été parlé plus haut.

Travail allemand moderne.

Haut., 33 cent.

192 — Tasse et soucoupe en cuivre argenté ; la tasse offre au pourtour des sujets de style antique et elle est dorée à l'intérieur. Exécuté d'après l'antique, par Benjamin de Schlick. Sur socle tournant, en velours violet.

193 — Coupe ronde en cuivre argenté, exécutée par la galvanoplastie. Elle est montée sur un piédestal en bois noir orné de deux médaillons ronds représentant des oiseaux, aussi en cuivre argenté.

Haut. totale, 22 cent.; diam., 20 cent.

194 — Petit groupe en cuivre argenté. Hercule étouffant les serpents. Sur socle ovale, orné des travaux d'Hercule. Ouvrage du comte de Schlick.

195 — Buis. — Médaillon rond offrant, en bas-relief, le buste de Ludovic, roi de Hongrie. Travail moderne dans le style du xvie siècle. Cadre en bois noir.

Diam., 105 millim.

196 — Buis. — Médaillon faisant pendant à celui qui précède. Portrait de Marie, reine de Hongrie.

Diam., 105 millim.

197 — Ivoire et Nacre de perle. — Quatre boîtes à jeux en ivoire gravé à figures, animaux, fleurs et attributs, et décorées de couleurs variées. Les couvercles sont enrichis de sculptures sur nacre de perle rapportées, représentant des figures allégoriques et des oiseaux. Chaque boîte contient quantité de fiches, jetons et contrats en ivoire gravé et peint, portant des devises en vieux français. Chaque boîte est signée : *Mariaval le Jeune, à Paris, fecit.* Époque Louis XV. Elles sont placées dans une boîte garnie en peau de chagrin.

198 — Marbre tendre. — Ronde bosse. Le petit saint Jean endormi. Sous le socle en bois noir, on lit : *Original du chevalier Bernin.* Contre-socle en bois doré.

Larg., 25 cent.

199 — Ivoire. — Châsse oblongue en forme de maison, offrant au pourtour et sur le dessus (en forme de toit) des sculptures en bas-relief, représentant des sujets tirés de la vie du Christ sous des arceaux en ogive. Les angles sont occupés par des figurines de saints personnages, sous des clochetons gothiques.

Travail moderne dans le style du xve siècle.

Larg., 27 cent.; haut., 22 cent.

200 — Plastique. — Coupe ronde offrant au pourtour des sujets mythologiques en relief, d'après l'antique. Monture sur piédouche et à deux anses en argent doré. Sur socle en velours vert à plaque centrale, montée à pivot. Exécutée par Benjamin de Schlick.

Haut., 14 cent.

201 — PLASTIQUE. — Coupe ronde offrant un sujet analogue à celle qui précède et lui faisant pendant. Exécutée par Benjamin de Schlick.

Haut., 14 cent.

202 — PLASTIQUE. — Coupe ronde offrant au pourtour des feuillages en relief. Monture à deux anses sur piédouche en cuivre doré. Socle en velours avec appliques en cuivre estampé. Exécutée d'après l'antique, par Benjamin de Schlick.

Haut., 12 cent.

203 — PETIT VASE de forme surbaissée en terre cuite, conservant des traces de décor en couleurs à froid. Il est garni de trois petites anses modelées en relief.

Haut., 9 cent.

204 — FAÏENCE D'URBINO. — Coupe ronde à lobes décorée en couleur; elle représente Adam et Eve dans le Paradis.

Diam., 28 cent.

205 — FAÏENCE DE CASTEL DURANTE. — Deux vases forme cornet, décorés de médaillons, figures de saints personnages et ornements sur fond bleu.

MINIATURES ET ÉMAUX

206 — GRAND ET BEAU DESSIN rehaussé dans la manière de *Jean Clouet, dit Janet.* — Portrait d'homme, portant l'armure du temps de Henri III. Cadre doré.

Haut., 46 cent.; larg., 36 cent.

207 — DESSIN REHAUSSÉ. — Guerrier debout, armé de toutes pièces et s'appuyant de la main droite sur son écu. On lit en bas en caractères gothiques : *Messyre Bertran du Guesclin.* Cadre en bois noir à moulures.

Haut., 46 cent.; larg., 40 cent.

208 — PORTRAIT sur vélin du fondateur de la Société de Jésus. On lit au bas : *Nobilis Gvipvzcanos Fondator Clericorvm Societatis Jesv.* Cadre en bois noir.

Haut , 37 cent.; larg., 31 cent.

209 — MINIATURE carrée sur ivoire. — Portrait de Marie Stuart, reine d'Ecosse. — Dans un cadre en bronze ciselé et doré au mat.

210 — D. B. MURPHY. — Portrait de Charles II, roi d'Angleterre, peint sur émail par *Murphy.*

Haut., 85 millim.; larg., 67 millim.

211 — D. B. MURPHY. — Portrait de Jacques II, roi d'Angleterre, peint sur émail, par Murphy.

Haut., 85 millim.; larg., 67 millim.

212 — D. B. Murphy. — Portrait de L. E. Stuart, peint sur émail, par Murphy.

Haut., 85 millim.; larg., 67 millim.

213 — D. B. Murphy. — Portrait de Charles Stuart, peint sur émail, par Murphy.

Haut., 85 millim.; larg., 67 millim.

214 — D. B. Murphy. — Portrait de Jacques Ier, d'après un tableau de G. Lanser, peint sur émail, par Murphy.

Haut., 85 millim.; larg., 67 millim.

215 — D. B. Murphy. — Portrait de Marie Stuart, reine d'Ecosse, peint sur émail, par Murphy.

Haut., 85 millim.; larg., 67 millim.

216 — D. B. Murphy. — Portrait de Charles Ier, roi d'Angleterre, peint sur émail, par Murphy.

Haut., 85 millim ; larg., 67 millim.

217 — D. B. Murphy. — Portrait de la femme de Charles Ier d'Angleterre, peint sur émail, par Murphy.

Haut., 85 millim.; larg., 67 millim.

218 — Deux miniatures sur vélin, attribuées à Guillaume Baur. — Vues de riches monuments au bord de la mer. Sur les quais, quantité de personnages en riches costumes. Sur la mer, des barques et des navires délicatement traités. Cadres à moulures guillochées en bois noir et glaces à biseaux.

Haut., 13 cent.; larg., 21 cent.

219 — MINIATURE sur vélin rehaussée d'or. — Offrande à un souverain; composition élégante d'un grand nombre de figures délicatement traitées. Italie, XVIIe siècle. Cadre en bois noir.

Sans le cadre : haut., 15 cent.; larg., 18 cent.

220 — FIXÉ attribué à DE LIOUX DE SAVIGNAC et représentant un sujet de chasse au cerf. Cadre doré.

Haut., 21 cent.; larg., 26 cent.

221 — MINIATURE sur vélin. — Portrait de Marie Stuart, vue à mi-corps, en riche costume de l'époque. Cadre en bois noir.

Haut. totale, 40 cent.; larg., 34 cent.

222 — MINIATURE sur vélin de la fin du XVIe siècle. — Portrait d'enfant en riche costume de l'époque. Cadre en bois sculpté et doré du temps.

Haut., 18 cent.; larg., 12 cent.

223 — MINIATURE carrée sur vélin. — Portrait de Louise de Lorraine, femme de Henri III, en costume rouge et collerette blanche plissée. Cadre en bois d'ébène.

Haut., 17 cent.; larg., 15 cent.

224 — MINIATURE carrée sur vélin. — Portrait d'Anne d'Autriche, dans la manière de Petitot. Cadre en bois sculpté et doré.

Haut., 11 cent.; larg., 10 cent.

225 — Miniature carrée sur vélin. — Portrait d'homme en riche costume du temps de Louis XIII. Cadre en bois sculpté et doré.

Haut., 15 cent.; larg., 13 cent.

PORCELAINES DE SAXE

ET AUTRES

226 — Belle soupière en ancienne porcelaine de Saxe de forme ovale à contours, à ornements gaufrés en relief et médaillons de fleurs en couleurs. Le couvercle est surmonté d'une jolie figurine de femme et de fleurs et fruits en relief. Belle qualité.

Haut., 24 cent.; larg., 32 cent.

227 — Soupière analogue à celle qui précède. Le bouton du couvercle seul diffère; celui de celle-ci est formé d'une figurine de femme représentant une rivière.

Haut., 24 cent.; larg., 32 cent.

228 — Quatre grands compotiers ronds en ancienne porcelaine de Saxe à ornements et côtes gaufrés en relief et décorés de jetés de fleurs en couleur. Belle qualité. Ils font partie du même service que les soupières qui précèdent.

Diam., 24 cent.

229 — Six compotiers analogues et provenant du même service, mais plus petits.

Diam., 21 cent.

230 — Deux grands plats longs à contours et à anses, de même qualité que les pièces qui précèdent et provenant du même service.

Larg., 42 cent.

231 — Soixante-huit belles assiettes à contours en ancienne porcelaine de Saxe, à fleurs et ornements gaufrés en relief et à jetés de fleurs en couleurs. Elles font partie du même service que les pièces qui précèdent et seront vendues par douzaines.

232 — Deux vases en porcelaine tendre moderne en forme de balustre, fond bleu de roi, décorés de médaillons, sujets champêtres d'après Boucher, et supportés chacun par trois figures d'enfants tritons en ronde bosse réservés en blanc et or.

Ces vases sont montés sur des socles de bronze doré, et sont garnis chacun d'un bouquet de lis en bronze doré à sept branches porte-lumière.

Haut., 85 cent.

233 — Deux petits vases modèle balustre en porcelaine marbrée de brun, montés en aiguières de style rocaille en bronze doré. Travail moderne.

Haut., 30 cent.

234 — Deux vases de forme ovoïde à deux anses en porcelaine moderne imitant le saxe, décorés de sujets dans le style de Watteau et rehaussés d'or. Les couvercles, découpés à jour, sont surmontés de couronnes formant boutons.

Haut., 30 cent.

235 — Deux vases analogues à ceux qui précèdent, mais plus petits et décorés de fleurs.

Haut., 25 cent.

236 — Deux vases forme bouteille à couvercle en porcelaine moderne imitant le saxe, fond carmin et médaillons, jeux d'amours dans le style de Boucher, en camaïeu carmin, avec encadrements dorés.

Haut., 22 cent.

237 — Deux figurines en porcelaine moderne; enfant portant des raisins dans sa chemise relevée et petite fille tenant un nid.

Haut., 16 cent.

238 — Deux tasses avec soucoupes en ancienne porcelaine tendre de Tournay, décorées de riches décors d'or sur fond gros bleu et de médaillons renfermant des insectes et des oiseaux. Au-dessous de chaque pièce se trouve le nom de l'oiseau qui forme le principal sujet du décor.

239 — Petit groupe de deux figures avec arceau de style rocaille en ancienne porcelaine de Hœchst, près Mayence : le *Tailleur pour Dames.*

Haut., 16 cent.

240 — Deux tasses sans anse et deux soucoupes décorées d'oiseaux; les tasses sont en ancienne porcelaine de Saxe et les soucoupes en ancienne porcelaine de Hœchst (Mayence).

241 — Cinq tasses forme basse et arrondie à anses, avec soucoupes, en ancienne porcelaine de Saxe, gaufrées à vannerie et à côtes, et décorées de fleurs polychromes.

242 — Cabaret en ancienne porcelaine de Hœchst, près Mayence, décoré de médaillons de paysages et de bandes rouges alternant avec des festons de fleurs. Il se compose d'un pot à crème, d'une cafetière, d'un bol, d'un petit plateau à sucre, d'une boîte à thé et de six tasses forme basse avec soucoupes.

243 — Écuelle avec couvercle et plateau en porcelaine de Berlin. — L'écuelle, à bordure gaufrée émaillée jaune, est décorée de groupes d'amours en camaïeu rose et rehaussée d'or.

Le plateau à bord découpé à jour et orné de fleurettes en relief émaillées jaune, est décoré au fond d'un bouquet de fleurs.

244 — Deux petites cafetières en ancienne porcelaine de Saxe à fleurs gaufrées en relief et décorées de bouquets de fleurs en couleurs.

245 — Tête-à-tête en ancienne porcelaine de Furstenberg, fond jaune d'or et décoré de médaillons de fleurs de forme irrégulière. Il se compose d'une cafetière, d'un pot à crème, d'une boîte à thé, d'un sucrier et de deux tasses avec soucoupes.

246 — Belle écuelle avec couvercle et plateau en ancienne porcelaine de Saxe gaufrée à côtes et décorée de médaillons avec encadrements d'or renfermant des sujets d'après Watteau en camaïeu rouge. Belle qualité.

247 — Cabaret en ancienne porcelaine de Saxe à bordures à écailles violettes et décoré de festons de fleurs en camaïeu violet relevé de feuillages émaillés vert. Il se compose : d'une grande cafetière, d'un pot à crème (sans couvercle), d'un bol, d'un petit plateau carré et de six tasses hautes avec soucoupes.

248 — Cabaret en ancienne porcelaine de La Haye, décoré de groupes de fleurs et de fruits et de dentelle d'or. Il se compose : d'une grande cafetière, d'un pot à crème, d'un petit plateau à sucre et de douze tasses avec soucoupes en deux dimensions.

249 — Grande cafetière en ancienne porcelaine de Saxe à bords gaufrés et décorée de fleurs.

250 — Broc sans couvercle en ancienne porcelaine de Sèvres pâte tendre, décoré d'oiseaux dans des paysages.

251 — Théière en ancienne porcelaine de Hœchst, décorée de figures de cavaliers dans des paysages. L'anse est formée par un serpent, et le goulot, prenant naissance au-dessus d'un mascaron, se termine par une tête de dragon.

252 — Cafetière (sans couvercle) en ancienne porcelaine d'Anspach, décorée de volatiles et de fleurs.

253 — Théière en porcelaine de La Haye, décorée de paysages avec figures. Elle porte le nom : Amstel.

254 — Grande et belle boîte forme carrée à angles coupés, en ancienne porcelaine de Saxe, décorée de médaillons d'animaux au pourtour et d'une vue de château sur le couvercle. Ces médaillons sont placés dans des encadrements formés de festons de fleurs en or. Gorge à charnière en bas or gravé. Cette pièce, de très-belle qualité, est malheureusement fracturée.

255 — Deux jolies salières de forme ovale reposant sur quatre petits pieds reliés par des draperies, en ancienne porcelaine de Frankenthal, et décorées de fleurs.

256 — Trois tasses sans soucoupes, en forme de fruit, dont les branchages et feuillages tiennent lieu d'anses et de pied. Porcelaine de Frankenthal décorée de fleurs.

257 — Petite écuelle à deux anses, avec couvercle mais sans plateau, en ancienne porcelaine de Naples, décorée de larges bouquets de fleurs.

258 — Petit pot à crème avec couvercle en ancienne porcelaine tendre de Mennecy, décorée d'oiseaux et de fleurs.

259 — Petite boîte à thé en ancienne porcelaine d'Allemagne, décorée d'oiseaux. Le couvercle manque.

260 — Autre boîte à thé plus grande et avec couvercle en porcelaine d'Allemagne, et décorée d'oiseaux.

261 — Tasse avec soucoupe forme basse en ancienne porcelaine d'Amstel, décorée de fleurs et de fruits. L'anse de la tasse est détachée.

262 — Bol en ancienne porcelaine d'Anspach, décoré de volatiles.

263 — Théière en ancienne porcelaine de La Haye, décorée de larges groupes de fruits et de fleurs.

264 — Beau sucrier à quatre lobes, avec couvercle et plateau en ancienne porcelaine de Saxe à fleurs gaufrées en relief et jetés de fleurs polychromes. Belle qualité.

265 — Bol en ancienne porcelaine de La Haye, décoré de groupes de fruits et de fleurs.

266 — Pot à crème sans couvercle, en ancienne porcelaine d'Anspach, décoré de volatiles dans un paysage.

267 — Petit vase forme balustre sans couvercle, en ancienne porcelaine de Frankenthal, décoré d'oiseaux.

268 — Petite théière en ancienne porcelaine d'Allemagne, décorée de fleurs polychromes et de filets roses relevés d'or.

269 — Moutardier modèle baril en ancienne porcelaine de Saxe, décoré de fleurs et garni en argent. Belle qualité.

270 — Théière en ancienne porcelaine tendre de Mennecy, décorée d'oiseaux et de fleurs en couleurs.

271 — Sucrier avec couvercle en ancienne porcelaine de Frankenthal, à bord gaufré et décoré d'oiseaux.

272 — Tasse haute avec soucoupe en ancienne porcelaine de Saxe gaufrée à côtes et décorée de fleurs et de fruits.

273 — Tasse haute avec soucoupe en ancienne porcelaine de Saxe décorée de sujets Watteau en camaïeu rose et de dentelle d'or. L'anse de la tasse a été coupée et remplacée par une anse en argent doré.

274 — Deux tasses forme haute et arrondie avec une soucoupe seulement, en ancienne porcelaine d'Anspach décorée d'oiseaux.

275 — Tasse en forme de petit vase à anse, avec couvercle et soucoupe, en porcelaine de Berlin décorée de bordures vertes rehaussées de draperies roses et offrant un médaillon ovale renfermant un portrait d'homme.

276 — Tasse analogue à celle qui précède. Celle-ci n'a plus de couvercle et le médaillon renferme un portrait de femme.

277 — Tasse haute à anse de forme arrondie avec soucoupe en ancienne porcelaine de Saxe, décorée de paysages en camaïeu rose, et bord à imbrications vertes. La soucoupe est fêlée.

278 — Trois tasses forme basse à anse en ancienne porcelaine de Frankenthal gaufrée et décorée d'oiseaux.

279 — Soucoupe en porcelaine moderne de Saxe décorée d'un sujet de personnages au centre, avec encadrement de figures de Chinois.

Diam., 11 cent.

280 — Soucoupe en ancienne porcelaine de Saxe décorée d'un oiseau perché sur un tronc d'arbre.

Diam., 12 cent.

281 — Deux seaux ou cachepots en porcelaine de Berlin décorés d'oiseaux.

282 — Porte-huilier et deux burettes en porcelaine moderne de Saxe, fond bleu clair, décorés de fleurs et portant les armes de Saxe.

283 — Cabaret solitaire en ancienne porcelaine d'Allemagne, fond émaillé brun décoré de médaillons d'amours. Il se compose d'un plateau, d'une théière, d'une cafetière, d'un sucrier et d'une carafe.

284 — Déjeuner en porcelaine moderne de Sèvres, décoré de sujets champêtres. Il se compose de six tasses avec soucoupes, un plateau et trois grandes pièces.

PORCELAINES DE CHINE ET DU JAPON

285 — Grand et beau vase modèle balustre carré, en ancienne porcelaine de Chine, décoré de médaillons d'oiseaux et de fleurs en émaux saillants, très-brillants. Le fond est entièrement couvert de rosaces et de fleurettes émaillées en couleur. La gorge est enrichie de médaillons de paysages en camaïeu noir et le bord supérieur offre des rosaces dessinées au trait sur un fond rose.

Haut., 60 cent.

286 — Très-grand plat en ancienne porcelaine du Japon ; décor polychrome à arbustes, fleurs, etc.

Diam., 55 cent.

287 — Belle tasse sans anse mais avec soucoupe, en ancienne porcelaine de l'Inde entièrement couverte d'un riche décor d'ornements variés, plantes et fleurs émaillées en couleurs. Belle qualité.

288 — Plat rond à côtes en ancienne porcelaine de Chine, décoré en émaux de la famille verte à oiseaux, pagode, arbustes et ornements dans la bordure.

Diam., 27 cent.

289 — Coupe profonde en forme de feuille allongée, en porcelaine de Chine décorée, tant à l'intérieur qu'à l'extérieur, à l'imitation de la feuille, sur laquelle se trouvent des insectes.

Larg., 26 cent.

290 — Deux coupes peu profondes, modèle coquille, décorées d'oiseaux, de fleurs et d'insectes émaillés en couleurs sur fond vert d'eau. Porcelaine moderne de la Chine.

Diam., 26 cent.

291 — Petit pot à crême à couvercle en ancienne porcelaine du Japon décoré de fleurs en bleu, rouge et or.

Haut., 16 cent.

292 — Cinq tasses forme haute à anse, avec soucoupes, en ancienne porcelaine de Chine, décorées d'oiseaux, de fleurs et d'ornements émaillés en couleurs. Belle qualité.

BRONZES D'AMEUBLEMENT

293 — Deux candélabres du temps de Louis XVI formés chacun d'une figurine d'enfant satyre dansant, en bronze vert, reposant sur un socle de marbre blanc et s'appuyant sur un tronc d'arbre d'où s'échappent deux branches de laurier porte-lumière en bronze ciselé et doré. L'un des enfants joue du triangle et l'autre du tambour de basque.

Haut., 47 cent.

294 — Deux forts flambeaux de style rocaille, en bronze doré, enrichis de trois cariatides d'enfants se terminant en rinceaux.

Haut., 31 cent.

295 — Deux candélabres à quatre lumières chacun, en bronze doré, modèle rocaille. L'un d'eux offre une figure de jeune garçon donnant à manger à des poussins; l'autre, une jeune fille battant le beurre et accompagnée d'un petit chien. Travail moderne.

Haut., 48 cent.

296 — Deux petites girandoles à deux lumières, en bronze doré sur socles en marbre blanc. Elles sont formées chacune d'une cassolette à trépied et à consoles reliées par des festons de lauriers, supportant un petit vase de fleurs d'où s'échappent deux branches porte-lumières à rinceaux. Travail moderne de style Louis XVI.

Haut., 29 cent.

297 — Galerie de cheminée en bronze verni avec pyramides ornées garnies de mufles de lion.

Haut., 53 cent.; larg., 1 m. 20 cent.

298 — Deux flambeaux en bronze, partie dorée et partie argentée. Héron debout, tenant un serpent et monté sur une tortue. Travail moderne.

Haut., 26 cent.

299 — Galerie de cheminée en bronze verni, formée de deux vases de style antique reposant sur des socles carrés reliés entre eux par des rinceaux et une galerie ciselée. Travail moderne.

Larg., 1 mètre.; haut., 54 cent.

300 — Lanterne d'antichambre en bronze doré de style Louis XV, disposée pour recevoir une lampe.

Haut., sans la chaîne, 85 cent.

301 — Deux candélabres en bronze doré formés de vases reposant sur des pieds à consoles et niches garnies de statuettes de femmes debout. Les piédestaux sont enrichis d'ornements ciselés en relief.

Chacun des vases est garni de cinq branches de roses porte-lumières. Travail moderne.

Haut., 62 cent.

302 — Deux flambeaux style renaissance en bronze doré, ornés chacun de trois figures de femmes debout.

Haut., 22 cent.

303 — Galerie de cheminée à vases et rinceaux en bronze verni. Travail moderne.

Haut., 45 cent.; larg., 1 m. 15 cent.

304 — Lustre en bronze doré à quarante-deux lumières, très-richement garni de cristaux de roche, tels que : pièces d'enfilage, pendeloques, poires, olives, etc., et orné à sa partie supérieure d'une forte couronne.

Haut., 1 m. 50 cent. environ.

305 — Deux grands flambeaux de style Louis XVI en bronze ciselé et doré au mat, formés de trois cariatides de femmes se terminant par des enroulements reliés par des draperies.

Haut., 30 cent.

306 — Galerie de cheminée en bronze verni, ornée de vases et de festons de fleurs.

Haut., 45 cent.; larg., 1 m. 15 cent.

307 — Lustre en bronze doré à douze lumières, modèle rocaille et enrichi de trois aigles en ronde bosse.

Haut., 90 cent.

308 — Deux flambeaux en bronze doré, la tige ornée de trois figures de femmes debout, se donnant la main et reliées entre elles par des festons de fleurs.

Haut., 28 cent.

309 — Deux coupes rondes sur piédouches à nœud, le tout en bronze doré. Elles offrent à l'intérieur des jeux d'enfants bacchants en bas-relief.

Haut., 18 cent.; diam., 20 cent.

310 — Galerie de cheminée en bronze verni, modèle à boules de style Louis XIII.

Haut., 47 cent.; larg., 1 m. 28 cent.

311 — Galerie de cheminée en bronze verni, ornée de rosaces et offrant à ses extrémités des vases sur socles garnis de guirlandes de fleurs.

Haut., 30 cent.; larg., 1 m. 30 cent.

312 — Deux candélabres de style antique, en bronze argenté et doré. Modèle à trépied à griffes de lion, tige cannelée entourée à sa base par trois mascarons et trois branches porte-lumières. Un héron tenant un serpent est placé à la partie supérieure de chacune des pièces. Travail moderne.

Haut., 60 cent.

313 — Galerie de cheminée en bronze verni, modèle à balustres et vases.

Haut., 38 cent.; larg., 1 m. 30 cent.

314 — Deux flambeaux style renaissance en bronze doré, les tiges formées de trois figurines debout. Travail moderne.

Haut., 23 cent.

315 — Deux candélabres à cinq branches de roses porte-lumières et figures d'enfants satyres en bronze doré; socles en marbre blanc ornés sur chacune de leurs faces d'une mosaïque de Florence en relief représentant des branches de cerises exécutées en jaspe et en agate de diverses nuances. Ces socles sont garnis de bronze doré.

Haut., 59 cent.

316 — Galerie de cheminée en bronze verni et tige d'acier bleui, modèle découpé à jour et petits vases de style Louis XV.

Haut., 33 cent.; larg., 1 m. 27 cent.

317 — Deux flambeaux de style Louis XVI en bronze doré, modèle à balustre.

Haut., 28 cent.

318 — Galerie de cheminée ornée de deux petits vases en bronze verni et tringle en acier bleui.

Larg., 1 m. 5 cent.

319 — Petit lustre lampadaire en cuivre verni pour salle à manger, disposé pour une seule lampe et à contre-poids.

320 — Garniture de cheminée composée d'une pendule et de deux candélabres en bronze, modèle rocaille et figurines d'enfants. Travail moderne de style Louis XV.

321 — Bas-relief en bronze. — Revue passée par le roi Charles-Albert.

Haut., 85 mill.; larg., 29 cent.

TAPISSERIES

322 — Quatre belles bandes du xve siècle brodées en soie de couleurs et en argent fin. Elles représentent des sujets religieux sous des arceaux en ogive.

323 — Belle tenture de lit et de chambre en tapisserie à sujets chinois et fleurs en couleurs sur fond jaune. Époque Louis XV. Elle se compose de quarante morceaux de diverses formes et dimensions, parmi lesquels on remarque sept jolis panneaux de tenture.

324 — Huit rideaux en tulle brodé à fleurs en soie de couleurs. Travail italien du xviie siècle.

MEUBLES

38.745 f.

325 — Magnifique mobilier de salon, du temps de Louis XIV, en bois sculpté à fleurs, rosaces, coquilles et ornements, et garni de très-belles tapisseries des Gobelins à fond bleu, décorées de médaillons renfermant des sujets tirés des fables de La Fontaine et de riches motifs d'ornementation rehaussés de fleurs, d'oiseaux et d'animaux, se détachant en couleurs variées et brillantes sur un fond jaune d'or.

Ce meuble remarquable se compose d'un grand canapé à oreilles et de huit grands fauteuils à dossier et bras garnis.

326 — Bureau plat du temps de Louis XV, en bois de placage avec quart de rond en cuivre poli et garni d'ornements rocaille en bronze.

Larg., 1 m. 60 cent.

327 — Bureau plat en marqueterie de bois à fleurs et rinceaux sur fond noir, très-richement garni de bronze ciselé et doré. Travail moderne.

Larg., 1 m. 46 cent.

328 — Deux consoles de forme contournée à quatre pieds et entre-jambes, en bois de rose, très-richement garnies de bronze, doré de style Louis XV. Chaque pied est enrichi d'une cariatide de femme dans le style de Watteau,

et l'entre-jambes est orné d'une figure assise de même style. Dessus de marbre blanc à moulures. Travail moderne.

Larg., 1 m. 45 cent.

329 — MEUBLE DE SALON en bois doré, de style Louis XV, garni en brocatelle de soie, fond jaune d'or et bouquets de fleurs de couleurs. Ils se compose de deux canapés, quatre fauteuils, six chaises et deux tabourets de pieds.

330 — ÉCRAN EN BOIS doré de style rocaille et surmonté d'une large coquille. Il est garni de même étoffe que le meuble qui précède.

331 — QUATRE GRANDS RIDEAUX de fenêtre et deux lambrequins en brocatelle fond jaune et fleurs de couleurs, accompagnés de deux galeries dorées style rocaille et de tous leurs accessoires, tels que: embrasses, patères, etc.

332 — DIX PORTIÈRES de même étoffe que les rideaux qui précèdent et accompagnées aussi de tous leurs accessoires, tels que: bâtons, supports et patères dorés, embrasses, glands et cordons de tirage en passementerie de soie.

333 — TABLETTE ET DEVANT DE CHEMINÉE garnis en brocatelle de soie, fond jaune et fleurs de couleurs, pareille aux rideaux qui précèdent.

334 — TABLE CARRÉE, du temps de Louis XIII, en marqueterie de bois à fleurs et ornements sur fond noir avec entre-jambes de même travail. Les pieds carrés sont garnis de chapiteaux en bois sculpté et doré.

Long., 1 m. 2 cent.; larg., 67 cent.

335 — PETIT BUREAU DE DAME, modèle dit bonheur du jour, en marqueterie de bois à quadrille sur fond bois de rose et garni de bronze ciselé et doré de style rocaille. Le dessus du casier, ouvrant à l'aide de portes brisées à coulisses, est garni d'une tablette de marbre blanc avec galerie de cuivre doré découpée à jour. Époque Louis XV.

Haut., 105 cent.; larg., 79 cent.; prof., 60 cent.

336 — PETIT MEUBLE CABINET en laque noir, décoré de fleurs en couleurs et burgautées. Il renferme trois tiroirs et ferme à l'aide d'une porte à coulisses.

Haut., 20 cent.; larg., 17 cent.

337 — DEUX GRANDES COMMODES italiennes du temps de Louis XV, à trois tiroirs, en marqueterie de bois à rinceaux et fleurs, et enrichies de figurines d'enfants incrustées en ivoire. Les pans coupés sont ornés de cariatides d'hommes debout en bois sculpté et doré.

Larg., 1 m. 45 cent.

338 — COMMODE LOUIS XIII à trois tiroirs superposés, en marqueterie de bois à fleurs et rinceaux. Poignées et entrées de serrure en cuivre doré.

Larg., 1 m. 30 cent.

339 — Table a jouer en bois noir, garnie de bronze verni. Style Louis XV.

Larg., 90 cent.

340 — Grand meuble à deux portes, vitrées dans le haut et pleines dans le bas, entièrement plaqué de cuivre bronzé et enrichi d'appliques en cuivre estampé et verni, à rosaces, palmettes et ornements.

Travail du temps de la Restauration.

Haut., 2 m. 40 cent.; larg., 1 m. 60 cent.

341 — Petit meuble à deux portes en bois de chêne sculpté, à figurines et ornements. Sur table à pieds tournés.

Travail moderne, dans le style de la Renaissance.

Larg., 76 cent.

342 — Piano mécanique de Debain, à sept octaves, avec caisse en bois de palissandre, et accompagné de trente-deux boîtes morceaux d'opéras, danses, etc.

343 — Deux causeuses couvertes en damas de soie rouge et capitonnées.

344 — Deux fauteuils confortables couverts de même étoffe.

345 — Quatre chaises volantes en bois doré et couvertes en damas de soie rouge.

346 — Tapis de salon, genre Smyrne, dessins à rosaces.

347 — Huit rideaux en damas de soie vert, pour croisées ou portières, accompagnés de leurs accessoires.

348 — Dix rideaux en damas de soie vert pour croisées et portières, accompagnés de leurs embrasses, bâtons, galeries, etc.

349 — Lit en fer garni d'une housse à lambrequins en damas de soie vert, et surmonté d'un baldaquin avec lambrequins et garni de quatre rideaux aussi en damas de soie vert.

350 — Grand fauteuil confortable à dossier mobile, entièrement garni en damas de soie vert et capitonné.

351 — Trois autres petits fauteuils garnis de même.

352 — Miroir de toilette supporté par deux colonnettes en marqueterie de cuivre et écaille rouge, et garni de bronze vernis.

353 — Quantité de meubles courants, en bois de palissandre et en acajou, tels que : armoires, tables, bureaux, tables à jouer, siéges, bibliothèques, toilettes, etc., parmi lesquels on remarque un meuble en palissandre renfermant un coffre-fort.

Paris. — Typ. Pillet fils aîné, 5, rue des Grands-Augustins.

www.ingramcontent.com/pod-product-compliance
Ingram Content Group UK Ltd.
Pitfield, Milton Keynes, MK11 3LW, UK
UKHW020352180726
13839UKWH00003B/1048

9 782329 538075